Impressum
Verlag: BABADADA GmbH, Nedderfeld 112 , 22529 Hamburg
Geschäftsführer / Verlagsleitung: Harald Hof
Druck: Books on Demand GmbH, In de Tarpen 42, 22848 Norderstedt

Imprint
Publisher: BABADADA GmbH, Nedderfeld 112 , 22529 Hamburg, Germany
Managing Director / Publishing direction: Harald Hof
Print: Books on Demand GmbH, In de Tarpen 42, 22848 Norderstedt, Germany

škola
die Schule

trieda
das Klassenzimmer
deliť
dividieren
186/2
tabuľa
die Tafel
školský dvor
der Schulhof
učiteľ
der Lehrer
papier
das Papier
písať
schreiben
pero
der Stift
písací stôl
der Schreibtisch
pravítko
das Lineal
kniha
das Buch
žiak
die Schüler

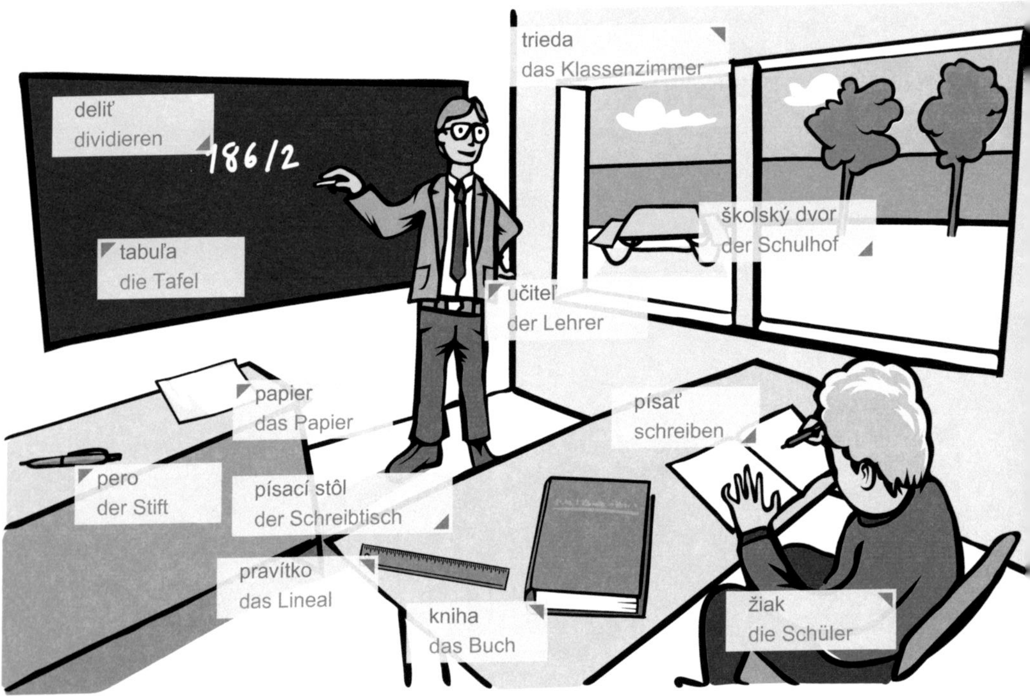

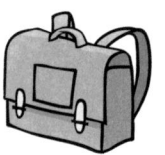

školská taška

der Ranzen

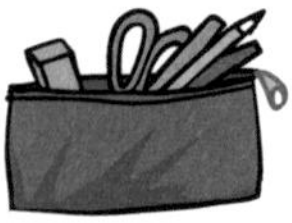

peračník

die Federmappe

ceruza

der Bleistift

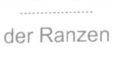

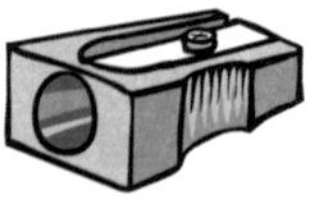

strúhadlo na ceruzky

der Bleistiftanspitzer

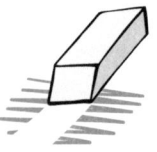

guma

das Radiergummi

skicár

der Zeichenblock

kresba

die Zeichnung

štetec

der Pinsel

vodové farby

der Malkasten

nožnice

die Schere

lepidlo

der Klebstoff

cvičný zošit

das Übungsheft

domáca úloha

die Hausaufgabe

číslo

die Zahl

sčítať

addieren

odčítať

subtrahieren

násobiť

multiplizieren

počítať

rechnen

písmeno

der Buchstabe

abeceda

das Alphabet

slovo

das Wort

text
....
der Text

čítať
....
lesen

krieda
....
die Kreide

hodina
....
die Stunde

triedna kniha
....
das Klassenbuch

skúška
....
die Prüfung

certifikát
....
das Zeugnis

školská uniforma
....
die Schuluniform

vzdelanie
....
die Ausbildung

encyklopédia
....
das Lexikon

univerzita
....
die Universität

mikroskop
....
das Mikroskop

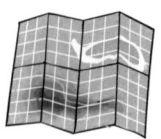

mapa
....
die Karte

kôš na papier
....
der Papierkorb

cesta
die Reise

hotel
das Hotel
Grand
nocľaháreň
die Herberge
ROOMS
zmenáreň
die Wechselstube
kufor
der Koffer
auto
das Auto

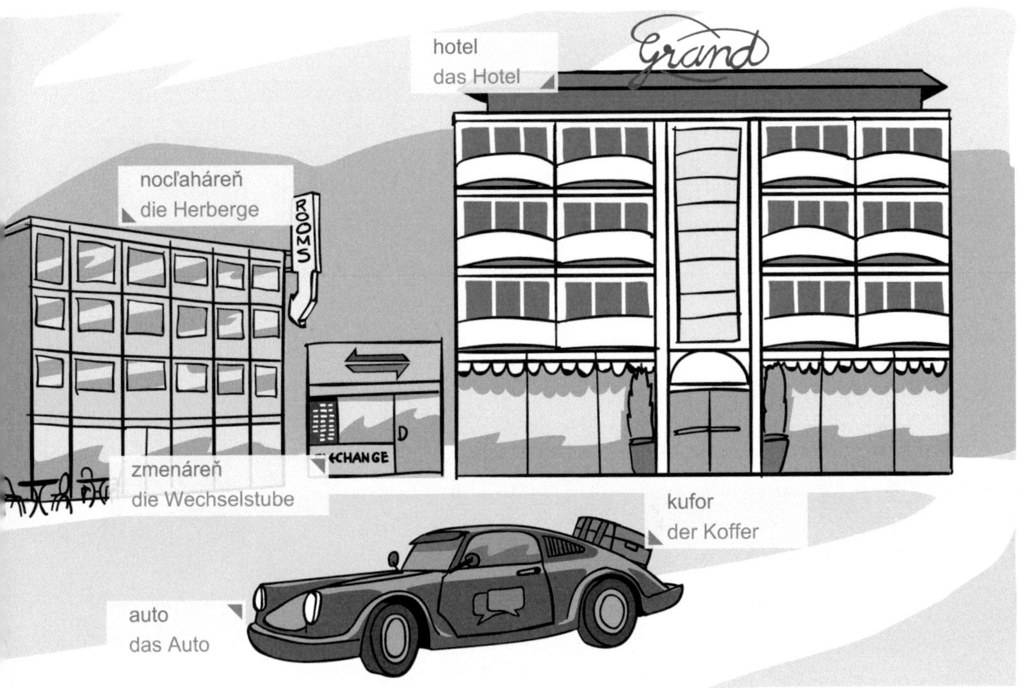

jazyk

die Sprache

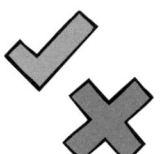

áno/nie

ja / nein

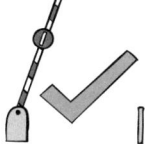

v poriadku

Okay

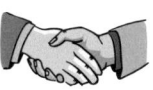

ahoj

Hallo

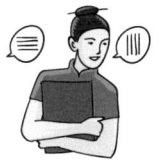

prekladateľ

der Übersetzer

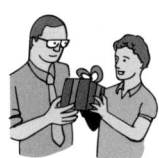

ďakujem

Danke

Koľko stojí ... ?

Was kostet...?

Nerozumiem

Ich verstehe nicht

problém

das Problem

Dobrý večer!

Guten Abend!

Dobré ráno!

Guten Morgen!

Dobrú noc!

Gute Nacht!

Dovidenia

Auf Wiedersehen

smer

die Richtung

batožina

das Gepäck

taška

die Tasche

batoh

der Rucksack

hosť

der Gast

izba

das Zimmer

spacák

der Schlafsack

stan

das Zelt

informácie pre turistov

die Touristeninformation

pláž

der Strand

kreditná karta

die Kreditkarte

raňajky

das Frühstück

obed

das Mittagessen

večera

das Abendessen

cestovný lístok

die Fahrkarte

výťah

der Fahrstuhl

poštová známka

die Briefmarke

hranica

die Grenze

clo

der Zoll

veľvyslanectvo

die Botschaft

vízum

das Visum

cestovný pas

der Pass

cesta - die Reise

lietadlo
das Flugzeug

loď
das Schiff

požiarnické auto
das Feuerwehrauto

autobus
der Bus

nákladné auto
der Lastwagen

motorový čln
das Motorboot

bicykel
das Fahrrad

auto
das Auto

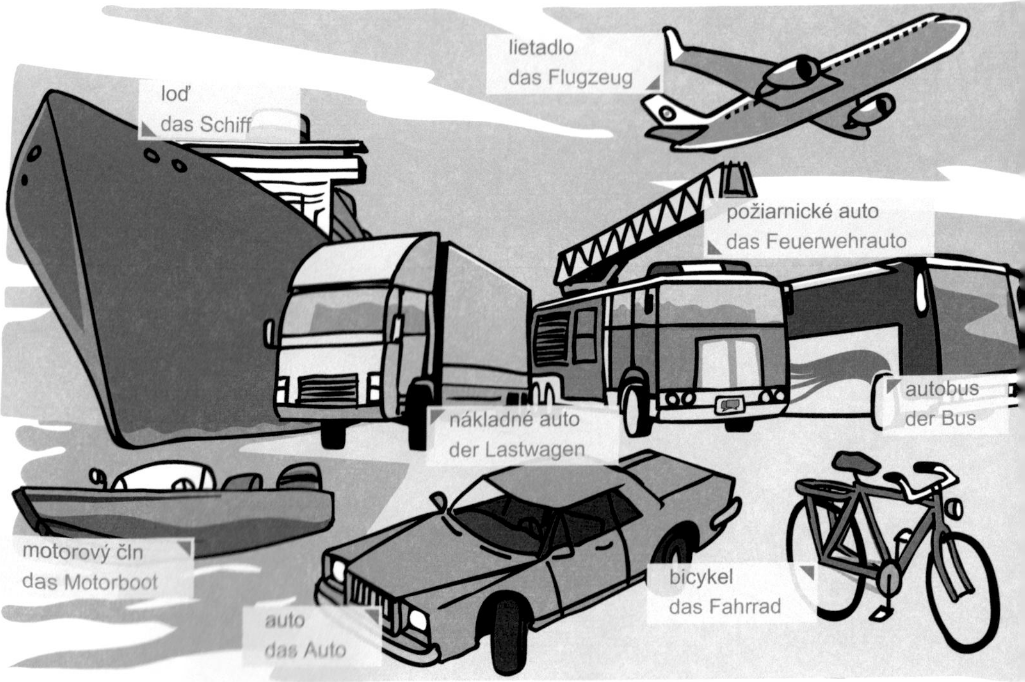

trajekt
e Fähre

loď
das Boot

motorka
das Motorrad

policaj
das Poli

pretekárske auto
das Rennauto

vozidlo z požičovne
der Mietwagen

8

doprava - der Transport

informácie pre turistov

die Touristeninformation

pláž

der Strand

kreditná karta

die Kreditkarte

raňajky

das Frühstück

obed

das Mittagessen

večera

das Abendessen

cestovný lístok

die Fahrkarte

výťah

der Fahrstuhl

poštová známka

die Briefmarke

hranica

die Grenze

clo

der Zoll

veľvyslanectvo

die Botschaft

vízum

das Visum

cestovný pas

der Pass

cesta - die Reise

doprava
der Transport

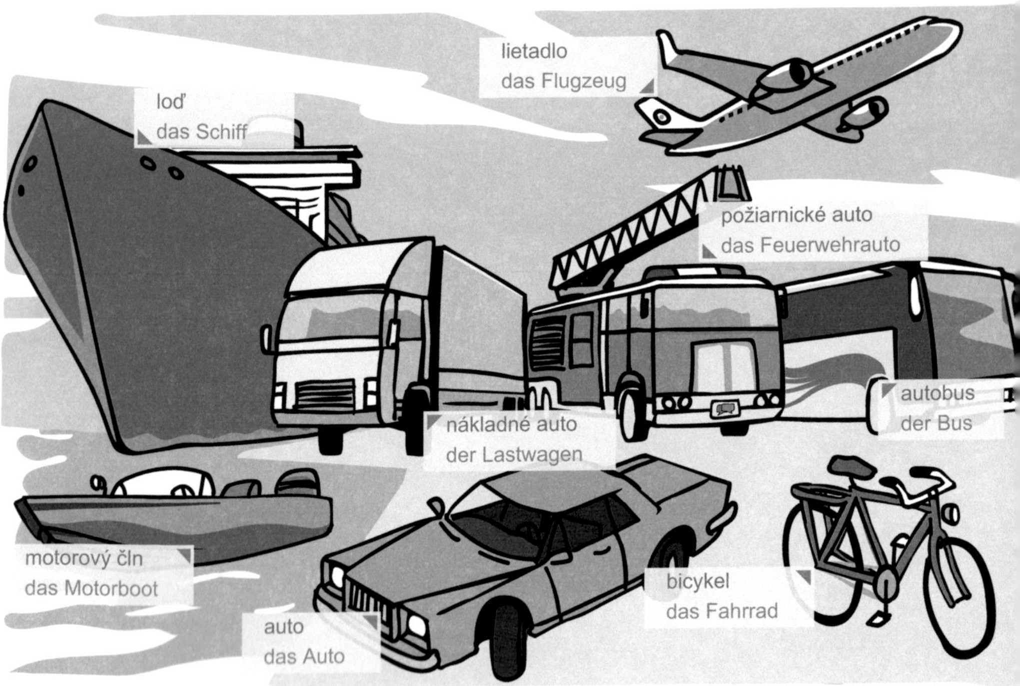
lietadlo
das Flugzeug
loď
das Schiff
požiarnické auto
das Feuerwehrauto
autobus
der Bus
nákladné auto
der Lastwagen
motorový čln
das Motorboot
bicykel
das Fahrrad
auto
das Auto

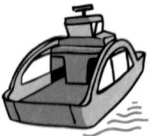

trajekt
die Fähre

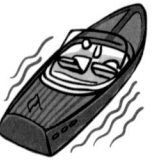

loď
das Boot

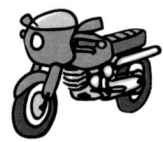

motorka
das Motorrad

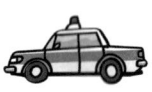

policajné auto
das Polizeiauto

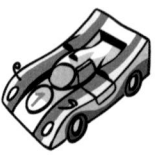

pretekárske auto
das Rennauto

vozidlo z požičovne
der Mietwagen

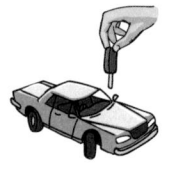

carsharing

das Carsharing

odťahové auto

der Abschleppwagen

smetiarske auto

das Müllauto

motor

der Motor

benzín

der Kraftstoff

čerpacia stanica

die Tankstelle

dopravná značka

das Verkehrsschild

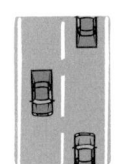

premávka

der Verkehr

zápcha

der Stau

parkovisko

der Parkplatz

vlaková stanica

der Bahnhof

trate

die Schienen

vlak

der Zug

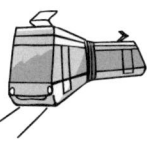

električka

die Straßenbahn

vagón

der Wagon

helikoptéra

der Helikopter

letisko

der Flughafen

veža

der Tower

pasažier

der Passagier

kontajner

der Container

kartón

der Karton

vozík

der Karren

kôš

der Korb

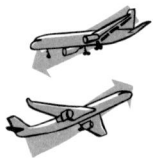

štartovať / pristáť

starten / landen

mesto
die Stadt

dedina

das Dorf

centrum mesta

das Stadtzentrum

dom

das Haus

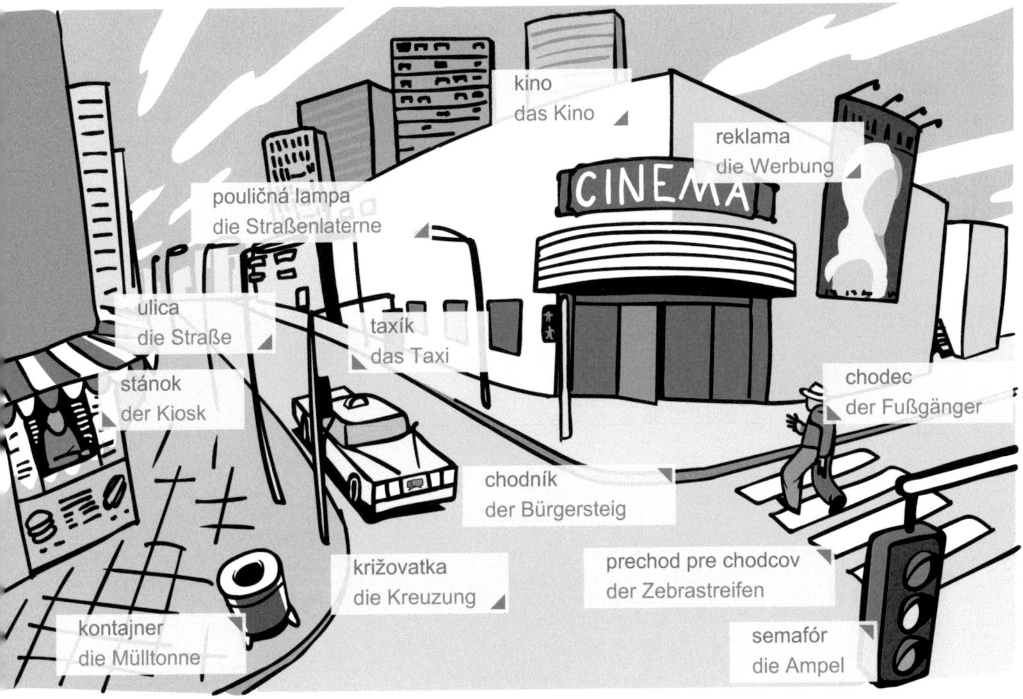

kino
das Kino

reklama
die Werbung

pouličná lampa
die Straßenlaterne

CINEMA

ulica
die Straße

taxík
das Taxi

stánok
der Kiosk

chodec
der Fußgänger

chodník
der Bürgersteig

križovatka
die Kreuzung

prechod pre chodcov
der Zebrastreifen

kontajner
die Mülltonne

semafór
die Ampel

chata
die Hütte

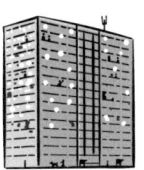

byt
die Wohnung

vlaková stanica
der Bahnhof

radnica
das Rathaus

múzeum
das Museum

škola
die Schule

univerzita

die Universität

banka

die Bank

nemocnica

das Krankenhaus

hotel

das Hotel

lekáreň

die Apotheke

kancelária

das Büro

kníhkupectvo

die Buchhandlung

obchod

das Geschäft

kvetinárstvo

der Blumenladen

supermarket

der Supermarkt

trh

der Markt

obchodný dom

das Kaufhaus

obchodník s rybami

der Fischhändler

nákupné stredisko

das Einkaufszentrum

prístav

der Hafen

park

der Park

lavička

die Bank

most

die Brücke

schody

die Treppe

metro

die U-Bahn

tunel

der Tunnel

autobusová zastávka

die Bushaltestelle

bar

die Bar

reštaurácia

das Restaurant

poštová schránka

der Briefkasten

tabuľa s názvom ulice

das Straßenschild

parkovacie hodiny

die Parkuhr

ZOO

der Zoo

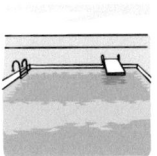

plaváreň

die Badeanstalt

mešita

die Moschee

farma

der Bauernhof

znečisťovanie životného prostredia

die Umweltverschmutzung

cintorín

der Friedhof

kostol

die Kirche

ihrisko

der Spielplatz

chrám

der Tempel

terén
die Landschaft

list
das Blatt

smerová tabuľa
der Wegweiser

cesta
der Weg

lúka
die Wiese

kameň
der Stein

turista
der Wanderer

strom
der Baum

rieka
der Fluss

tráva
das Gras

kvet
die Blume

dolina

das Tal

kopec

der Berg

jazero

der See

les

der Wald

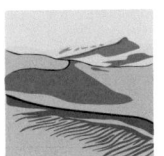

púšť

die Wüste

vulkán

der Vulkan

zámok

das Schloss

dúha

der Regenbogen

hríb

der Pilz

palma

die Palme

komár

der Moskito

mucha

die Fliege

mravec

die Ameise

včela

die Biene

pavúk

die Spinne

chrobák
der Käfer

žaba
der Frosch

veverička
das Eichhörnchen

jež
der Igel

zajac
der Hase

sova
die Eule

vták
die Vogel

labuť
der Schwan

diviak
das Wildschwein

jeleň
der Hirsch

los
der Elch

hrádza
der Staudamm

veterná turbína
das Windrad

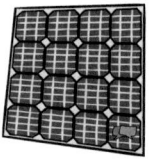

solárny panel
das Solarmodul

podnebie
das Klima

terén - die Landschaft

reštaurácia
das Restaurant

čašník
der Kellner
jedálny lístok
die Speisekarte
stolička
der Stuhl
polievka
die Suppe
pizza
die Pizza
príbor
das Besteck
obrus
die Tischdecke

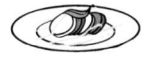

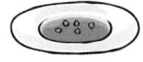

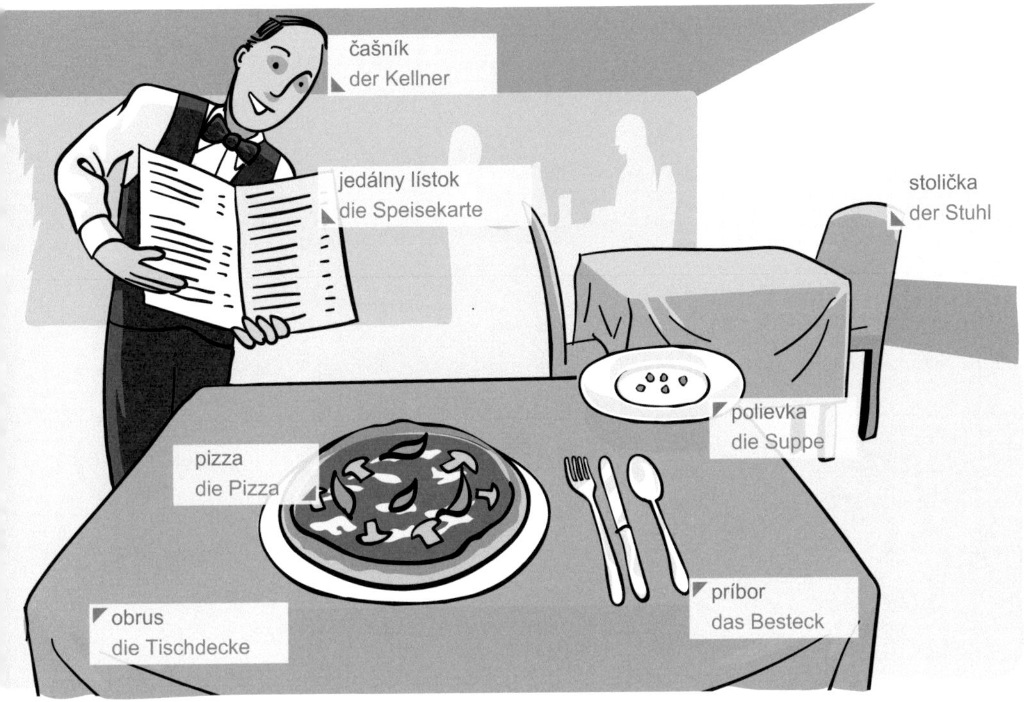

predjedlo

die Vorspeise

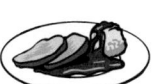

hlavné jedlo

das Hauptgericht

zákusok

die Nachspeise

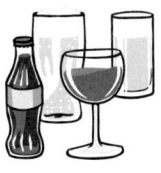

nápoje

die Getränke

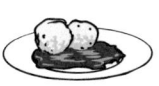

jedlo

das Essen

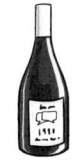

fľaša

die Flasche

fast-food

das Fastfood

street food

das Streetfood

kanvica na čaj

die Teekanne

cukornička

die Zuckerdose

porcia

die Portion

stroj na espresso

die Espressomaschine

detská stolička

der Hochstuhl

účet

die Rechnung

podnos

das Tablett

nôž

das Messer

vidlička

die Gabel

lyžica

der Löffel

čajová lyžička

der Teelöffel

obrúsok

die Serviette

pohár

das Glas

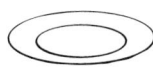

tanier

der Teller

hlboký tanier

der Suppenteller

podšálka

die Untertasse

omáčka

die Sauce

soľnička

der Salzstreuer

mlynček na korenie

die Pfeffermühle

ocot

der Essig

olej

das Öl

korenie

die Gewürze

kečup

das Ketchup

horčica

der Senf

majonéza

die Mayonnaise

supermarket
der Supermarkt

špeciálna ponuka
das Angebot
FOR
klient
der Kunde
mliečne výrobky
die Milchprodukte
ovocie
das Obst
nákupný vozík
der Einkaufswagen

BUTCHERS

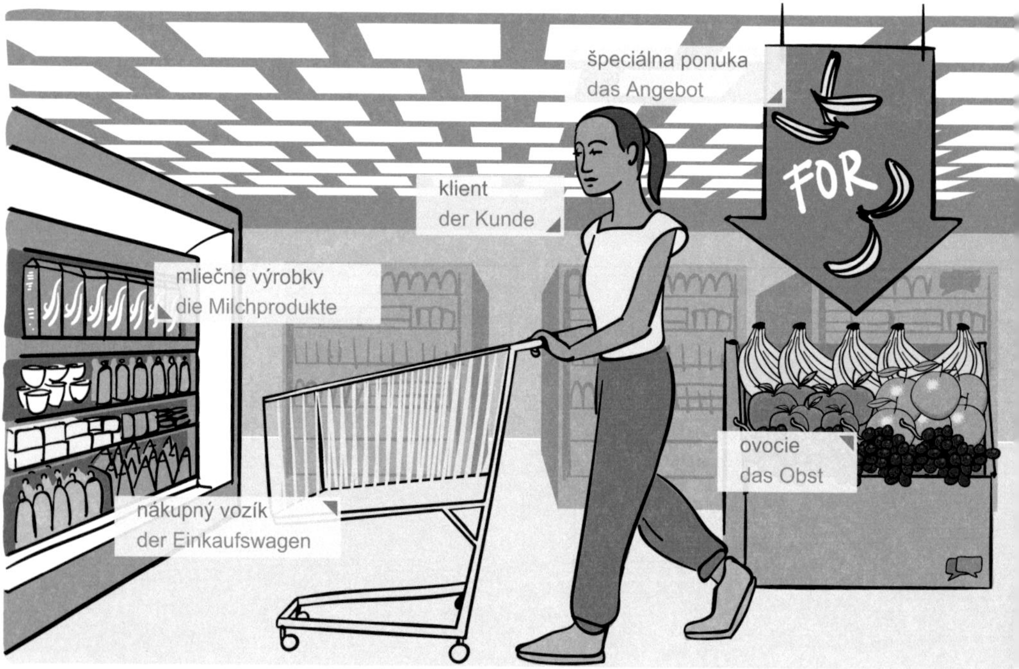

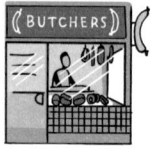

mäsiarstvo

die Schlachterei

BAKERY

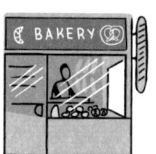

pekáreň

die Bäckerei

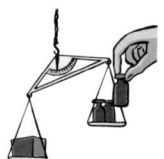

vážiť

wiegen

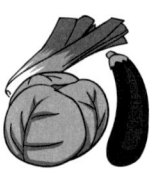

zelenina

das Gemüse

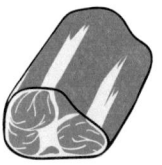

mäso

das Fleisch

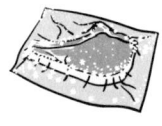

mrazené potraviny

die Tiefkühlkost

nárez

der Aufschnitt

konzervy

die Konserven

prací prostriedok

das Waschmittel

sladkosti

die Süßigkeiten

domáce potreby

die Haushaltsartikel

čistiace prostriedky

das Reinigungsmittel

predavačka

die Verkäuferin

pokladňa

die Kasse

pokladník

der Kassierer

nákupný zoznam

die Einkaufsliste

otváracie hodiny

die Öffnungszeiten

peňaženka

die Brieftasche

kreditná karta

die Kreditkarte

taška

die Tasche

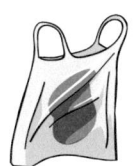

plastové vrecko

die Plastiktüte

voda

das Wasser

džús

der Saft

mlieko

die Milch

kola

die Cola

víno

der Wein

pivo

das Bier

alkohol

der Alkohol

kakao

der Kakao

čaj

der Tee

káva

der Kaffee

espresso

der Espresso

kapučíno

der Cappuccino

banán

die Banane

jablko

der Apfel

pomaranč

die Orange

melón

die Melone

citrón

die Zitrone

mrkva

die Karotte

cesnak

der Knoblauch

bambus

der Bambus

cibuľa

die Zwiebel

hríb

der Pilz

orechy

die Nüsse

rezance

die Nudeln

špagety

die Spaghetti

ryža

der Reis

šalát

der Salat

hranolky

die Pommes frites

pečené zemiaky

die Bratkartoffeln

pizza

die Pizza

hamburger

der Hamburger

obložený chlebík

das Sandwich

rezeň

das Schnitzel

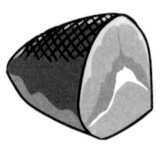

šunka

der Schinken

saláma

die Salami

klobása

die Wurst

kurča

das Huhn

pečené mäso

der Braten

ryba

der Fisch

ovsené vločky

die Haferflocken

müsli

das Müsli

kukuričné lupienky

die Cornflakes

múka

das Mehl

croissant

das Croissant

pečivo

das Brötchen

chlieb

das Brot

hrianka

der Toast

sušienky

die Kekse

maslo

die Butter

tvaroh

der Quark

koláč

der Kuchen

vajce

das Ei

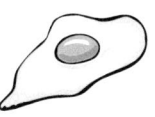

volské oko

das Spiegelei

syr

der Käse

zmrzlina

die Eiscreme

cukor

der Zucker

med

der Honig

lekvár

die Marmelade

nugátová nátierka

die Nougat-Creme

karí korenie

das Curry

farma
der Bauernhof

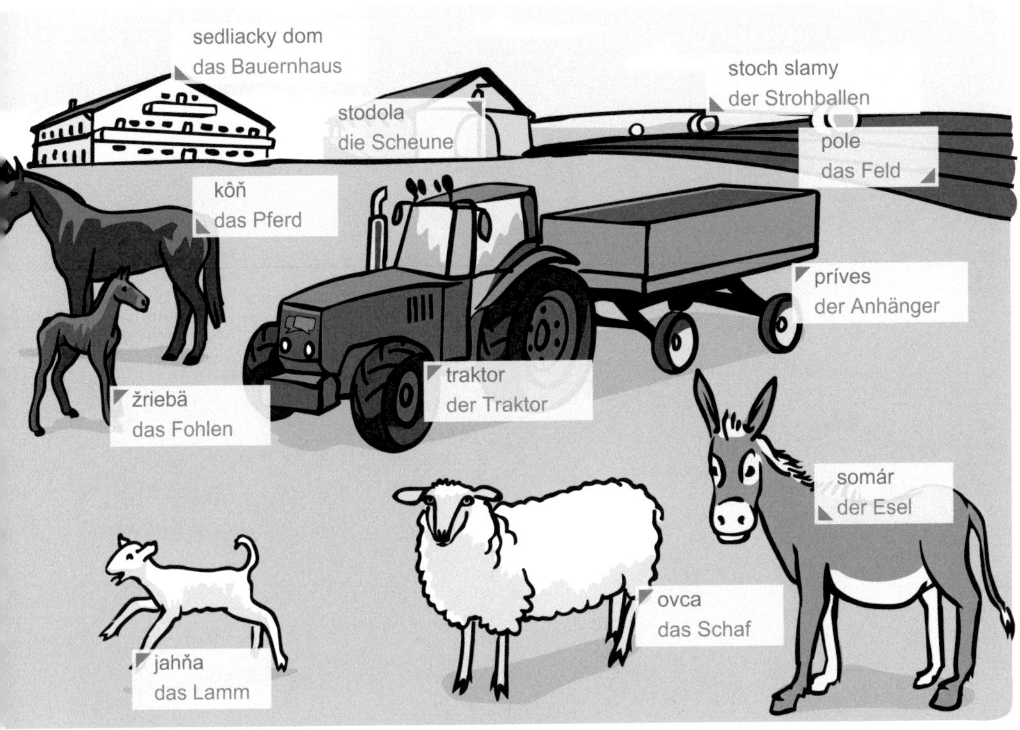
sedliacky dom
das Bauernhaus
stodola
die Scheune
stoch slamy
der Strohballen
pole
das Feld
kôň
das Pferd
príves
der Anhänger
traktor
der Traktor
žriebä
das Fohlen
somár
der Esel
ovca
das Schaf
jahňa
das Lamm

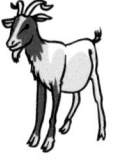

koza

die Ziege

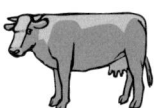

krava

die Kuh

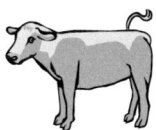

teľa

das Kalb

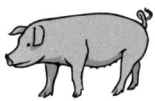

prasa

das Schwein

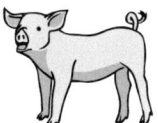

prasiatko

das Ferkel

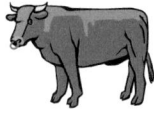

býk

der Bulle

hus

die Gans

kačica

die Ente

kuriatko

das Küken

sliepka

das Huhn

kohút

der Hahn

potkan

die Ratte

mačka

die Katze

myš

die Maus

vôl

der Ochse

pes

der Hund

psia búda

die Hundehütte

záhradná hadica

der Gartenschlauch

krhla

die Gießkanne

kosa

die Sense

pluh

der Pflug

farma - der Bauernhof

kosák

die Sichel

motyka

die Hacke

vidly na hnoj

die Mistgabel

sekera

die Axt

fúrik

die Schubkarre

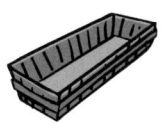

koryto

der Trog

kanva na mlieko

die Milchkanne

vrece

der Sack

plot

der Zaun

maštaľ

der Stall

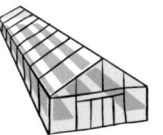

skleník

das Treibhaus

pôda

der Boden

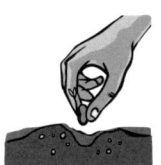

osivo

die Saat

hnojivo

der Dünger

kombajn

der Mähdrescher

farma - der Bauernhof

žať

ernten

žatva

die Ernte

batát

die Yamswurzel

pšenica

der Weizen

sója

das Soja

zemiak

die Kartoffel

kukurica

der Mais

repka

der Raps

ovocný strom

der Obstbaum

maniok

der Maniok

obilie

das Getreide

farma - der Bauernhof

dom
das Haus

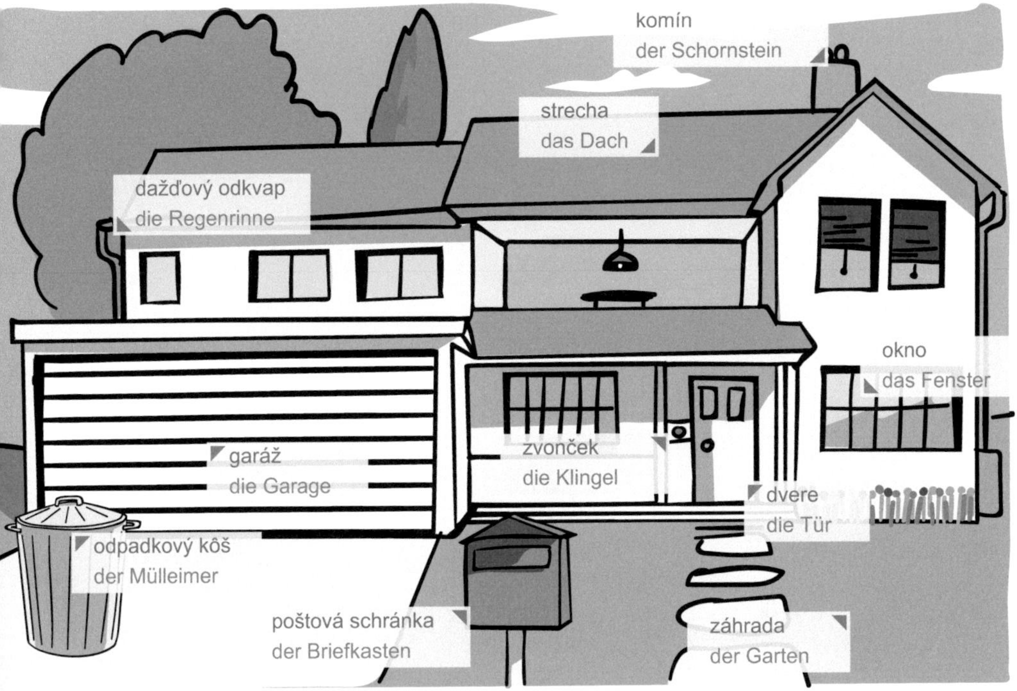
komín
der Schornstein
strecha
das Dach
dažďový odkvap
die Regenrinne
okno
das Fenster
garáž
die Garage
zvonček
die Klingel
dvere
die Tür
odpadkový kôš
der Mülleimer
poštová schránka
der Briefkasten
záhrada
der Garten

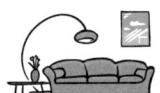

obývačka

das Wohnzimmer

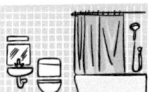

kúpeľňa

das Badezimmer

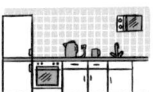

kuchyňa

die Küche

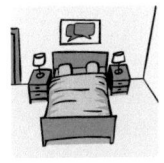

spálňa

das Schlafzimmer

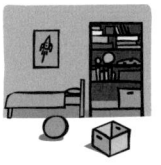

detská izba

das Kinderzimmer

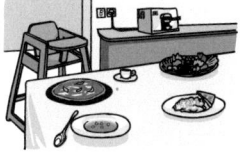

jedáleň

das Esszimmer

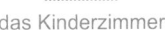

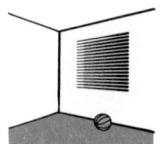

podlaha

der Boden

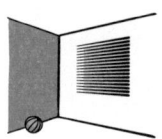

stena

die Wand

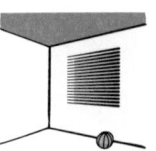

strop

die Decke

pivnica

der Keller

sauna

die Sauna

balkón

der Balkon

terasa

die Terrasse

bazén

das Schwimmbad

kosačka

der Rasenmäher

obliečka

der Bettbezug

posteľná prikrývka

die Bettdecke

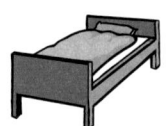

posteľ

das Bett

metla

der Besen

vedro

der Eimer

vypínač

der Schalter

obývačka
das Wohnzimmer

tapeta
die Tapete
obraz
das Bild
lampa
die Lampe
regál
das Regal
skriňa
der Schrank
televízor
der Fernseher
kozub
der Kamin
kvet
die Blume
vankúš
das Kissen
pohovka
das Sofa
váza
die Vase
diaľkové ovládanie
die Fernbedienung

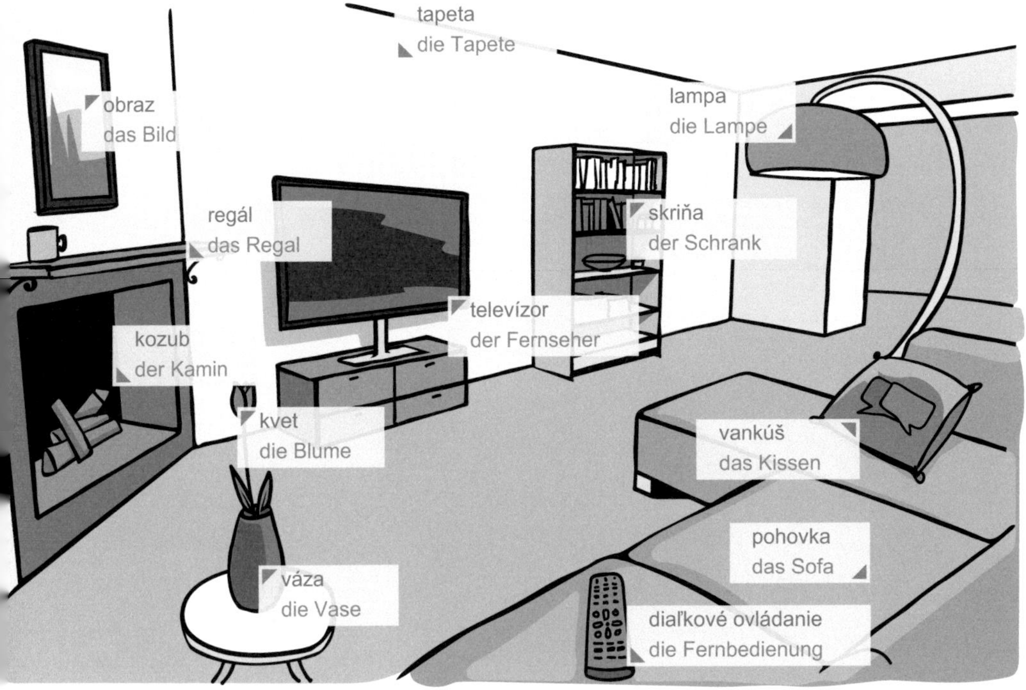

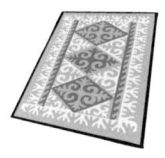

koberec

der Teppich

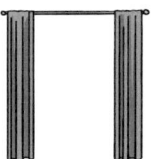

záclona

der Vorhang

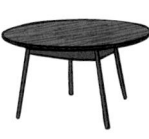

stôl

der Tisch

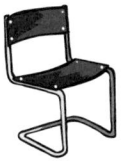

stolička

der Stuhl

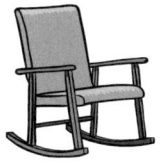

hojdacie kreslo

der Schaukelstuhl

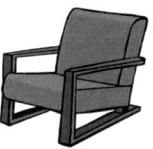

kreslo

der Sessel

kniha

das Buch

prikrývka

die Decke

dekorácia

die Dekoration

drevo na kúrenie

das Feuerholz

film

der Film

hi-fi veža

die Stereoanlage

kľúč

der Schlüssel

noviny

die Zeitung

maľba

das Gemälde

plagát

das Poster

rádio

das Radio

zápisník

der Notizblock

vysávač

der Staubsauger

kaktus

der Kaktus

sviečka

die Kerze

kuchyňa
die Küche

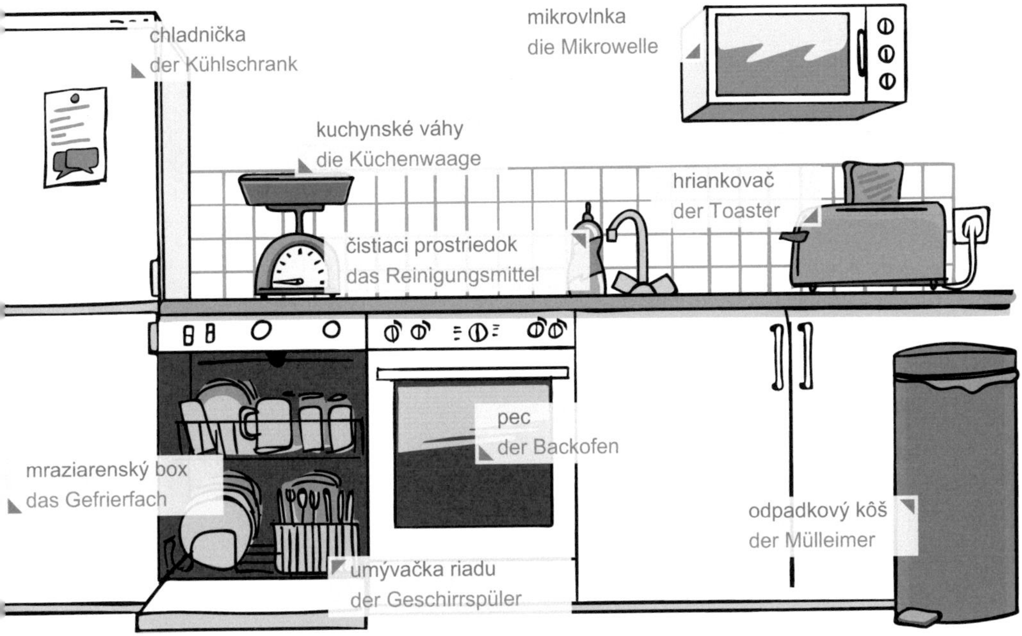

chladnička
der Kühlschrank
mikrovlnka
die Mikrowelle
kuchynské váhy
die Küchenwaage
hriankovač
der Toaster
čistiaci prostriedok
das Reinigungsmittel
pec
der Backofen
mraziarenský box
das Gefrierfach
odpadkový kôš
der Mülleimer
umývačka riadu
der Geschirrspüler

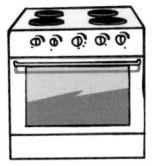

sporák

der Herd

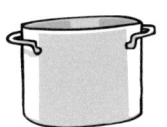

hrniec

der Topf

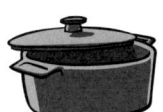

železný hrniec

der Eisentopf

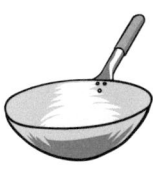

wok / kadai

der Wok / Kadai

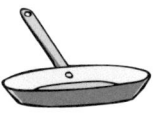

panvica

die Pfanne

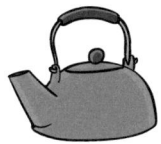

rýchlovarná kanvica

der Wasserkocher

parný hrniec

der Dampfgarer

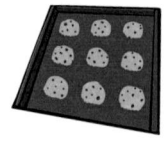

plech na pečenie

das Backblech

riad

das Geschirr

pohár

der Becher

misa

die Schale

paličky

die Essstäbchen

naberačka na polievku

die Suppenkelle

stierka

der Pfannenwender

metlička

der Schneebesen

cedidlo

das Kochsieb

sitko

das Sieb

strúhadlo

die Reibe

mažiar

der Mörser

gril

der Grill

ohnisko

die Feuerstelle

doska na krájanie

das Schneidebrett

valček na cesto

das Nudelholz

vývrtka

der Korkenzieher

konzerva

die Dose

otvárač na konzervy

der Dosenöffner

chňapka

der Topflappen

výlevka

das Waschbecken

kefa

die Bürste

hubka

der Schwamm

mixér

der Mixer

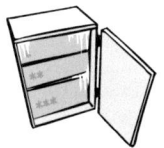

mraznička

die Gefriertruhe

kojenecká fľaša

die Babyflasche

vodovodný kohútik

der Wasserhahn

kuchyňa - die Küche

kúpeľňa
das Badezimmer

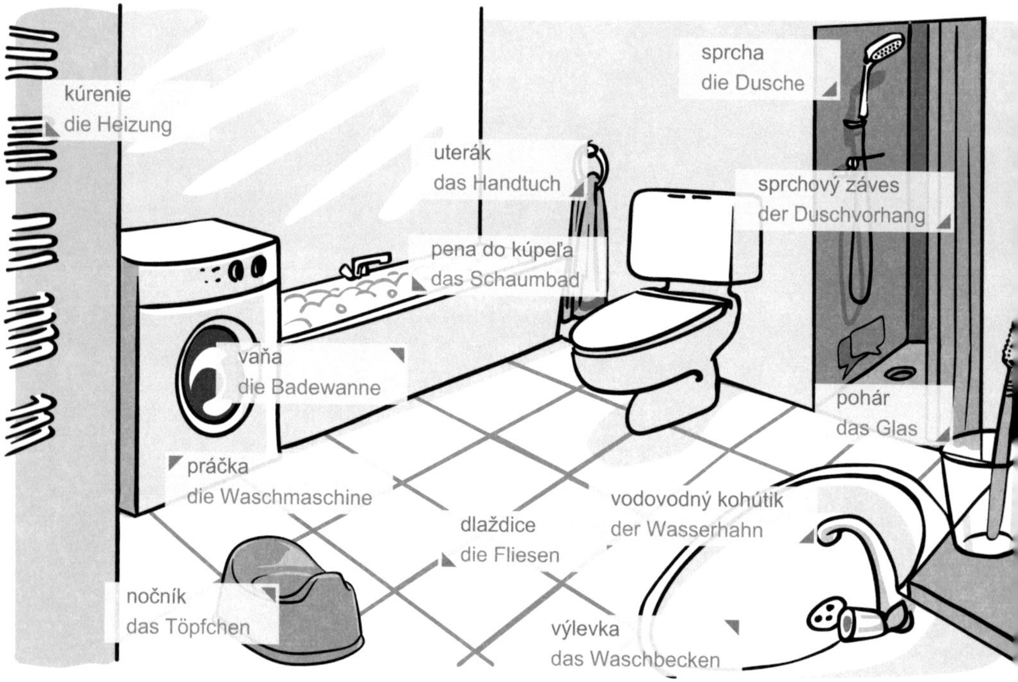

kúrenie
die Heizung
sprcha
die Dusche
uterák
das Handtuch
sprchový záves
der Duschvorhang
pena do kúpeľa
das Schaumbad
vaňa
die Badewanne
pohár
das Glas
práčka
die Waschmaschine
vodovodný kohútik
der Wasserhahn
dlaždice
die Fliesen
nočník
das Töpfchen
výlevka
das Waschbecken

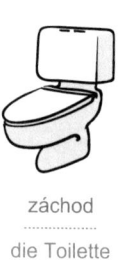

záchod
die Toilette

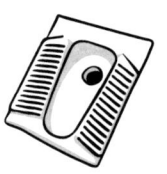

suchý záchod
die Hocktoilette

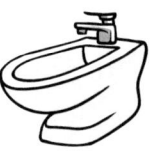

bidet
das Bidet

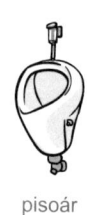

pisoár
das Pissoir

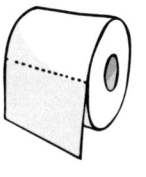

toaletný papier
das Toilettenpapier

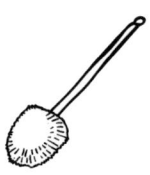

záchodová kefa
die Toilettenbürste

zubná kefka

die Zahnbürste

zubná pasta

die Zahnpasta

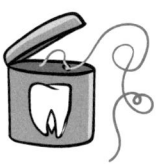

dentálna niť

die Zahnseide

umývať

waschen

ručná sprcha

die Handbrause

sprcha pre intímnu hygienu

die Intimdusche

umývadlo

die Waschschüssel

kefa na chrbát

die Rückenbürste

mydlo

die Seife

sprchový gél

das Duschgel

šampón

das Shampoo

frotírová rukavica

der Waschlappen

odtok

der Abfluss

krém

die Creme

dezodorant

das Deodorant

zrkadlo

der Spiegel

kozmetické zrkadlo

der Kosmetikspiegel

žiletka

der Rasierer

pena na holenie

der Rasierschaum

voda po holení

das Rasierwasser

hrebeň

der Kamm

kefa

die Bürste

sušič vlasov

der Föhn

sprej na vlasy

das Haarspray

make-up

das Makeup

rúž

der Lippenstift

lak na nechty

der Nagellack

vata

die Watte

nožnice na nechty

die Nagelschere

parfum

das Parfum

kúpeľňa - das Badezimmer

kozmetická taška

der Kulturbeutel

stolček

der Hocker

váha

die Waage

kúpací plášť

der Bademantel

gumové rukavice

die Gummihandschuhe

tampón

das Tampon

menštruačná vložka

die Damenbinde

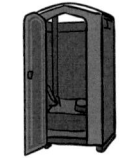

chemické WC

die Chemietoilette

kúpeľňa - das Badezimmer

detská izba
das Kinderzimmer

budík
der Wecker
plyšová hračka
das Kuscheltier
hračkárske auto
das Spielzeugauto
hrkálka
die Rassel
domček pre bábiky
das Puppenhaus
dar
das Geschenk

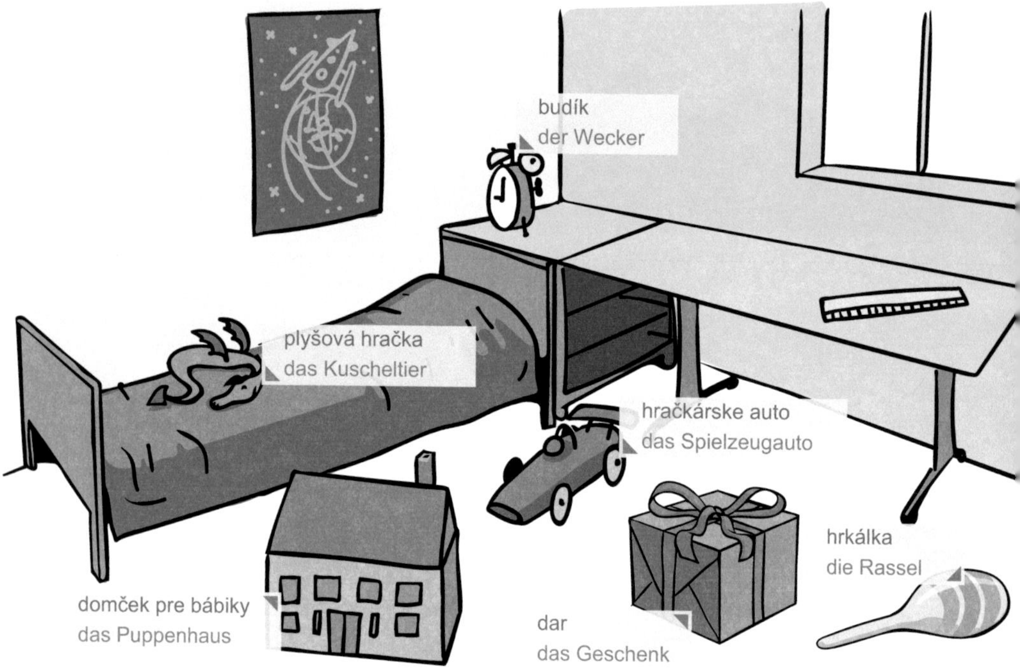

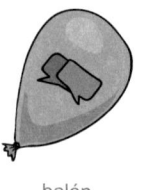

balón

der Ballon

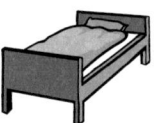

posteľ

das Bett

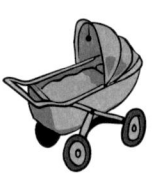

detský kočík

der Kinderwagen

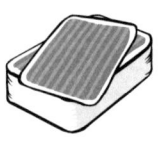

karty

das Kartenspiel

puzzle

das Puzzle

SUPER
MEGA

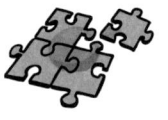

komix

der Comic

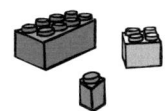

skladačka lego

die Legosteine

stavebnica

die Bausteine

akčná postavička

die Action Figur

dupačky

der Strampelanzug

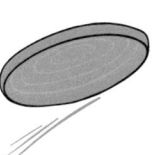

lietajúci tanier

das Frisbee

závesné hračky

das Mobile

stolová hra

das Brettspiel

kocka

der Würfel

modelový vláčik

die Modelleisenbahn

cumlík

der Schnuller

párty

die Party

obrázková kniha

das Bilderbuch

lopta

der Ball

bábika

die Puppe

hrať sa

spielen

pieskovisko

der Sandkasten

hojdačka

die Schaukel

hračky

das Spielzeug

hracia konzola

die Spielkonsole

trojkolka

das Dreirad

medvedík

der Teddy

šatník

der Kleiderschrank

šatstvo

die Kleidung

ponožky

die Socken

pančuchy

die Strümpfe

pančuchové nohavičky

die Strumpfhose

šál
der Schal

opasok
der Gürtel

dáždnik
der Regenschirm

tričko
das T-Shirt

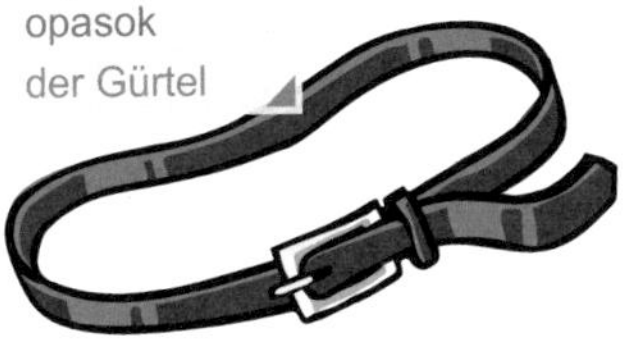

čižmy
der Stiefel

papuče
die Hausschuhe

tenisky
die Turnschuhe

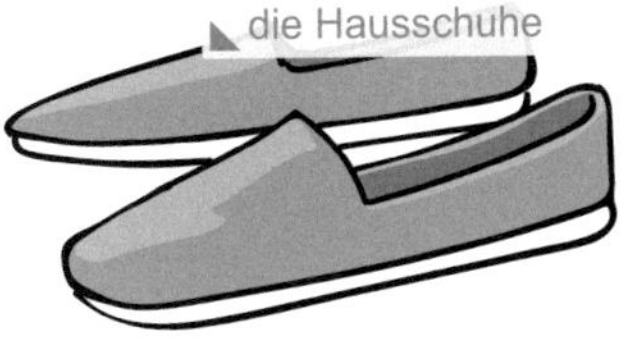

sandále

die Sandalen

topánky

die Schuhe

gumáky

die Gummistiefel

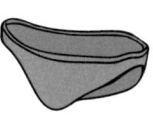

spodky

die Unterhose

podprsenka

der Büstenhalter

tielko

das Unterhemd

body
der Body

nohavice
die Hose

džínsy
die Jeans

sukňa
der Rock

blúzka
die Bluse

košeľa
das Hemd

pulóver
der Pullover

sveter
der Kapuzenpullover

blejzer
der Blazer

bunda
die Jacke

kabát
der Mantel

pršiplášť
der Regenmantel

kostým
das Kostüm

šaty
das Kleid

svadobné šaty
das Hochzeitskleid

šatstvo - die Kleidung

oblek

der Anzug

nočná košeľa

das Nachthemd

pyžamo

der Schlafanzug

sari

der Sari

šatka na hlavu

das Kopftuch

turban

der Turban

burka

die Burka

kaftan

der Kaftan

abaja

die Abaya

dvojdielne plavky

der Badeanzug

plavky

die Badehose

šortky

die kurze Hose

tepláková súprava

der Trainingsanzug

zástera

die Schürze

rukavice

die Handschuhe

gombík

der Knopf

okuliare

die Brille

náramok

das Armband

retiazka

die Halskette

prsteň

der Ring

náušnica

der Ohrring

čiapka

die Mütze

vešiak

der Kleiderbügel

klobúk

der Hut

kravata

die Krawatte

zips

der Reißverschluss

prilba

der Helm

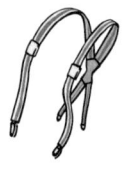

traky

der Hosenträger

školská uniforma

die Schuluniform

uniforma

die Uniform

šatstvo - die Kleidung

podbradník
....
das Lätzchen

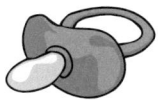

cumlík
....
der Schnuller

plienka
....
die Windel

kancelária
das Büro

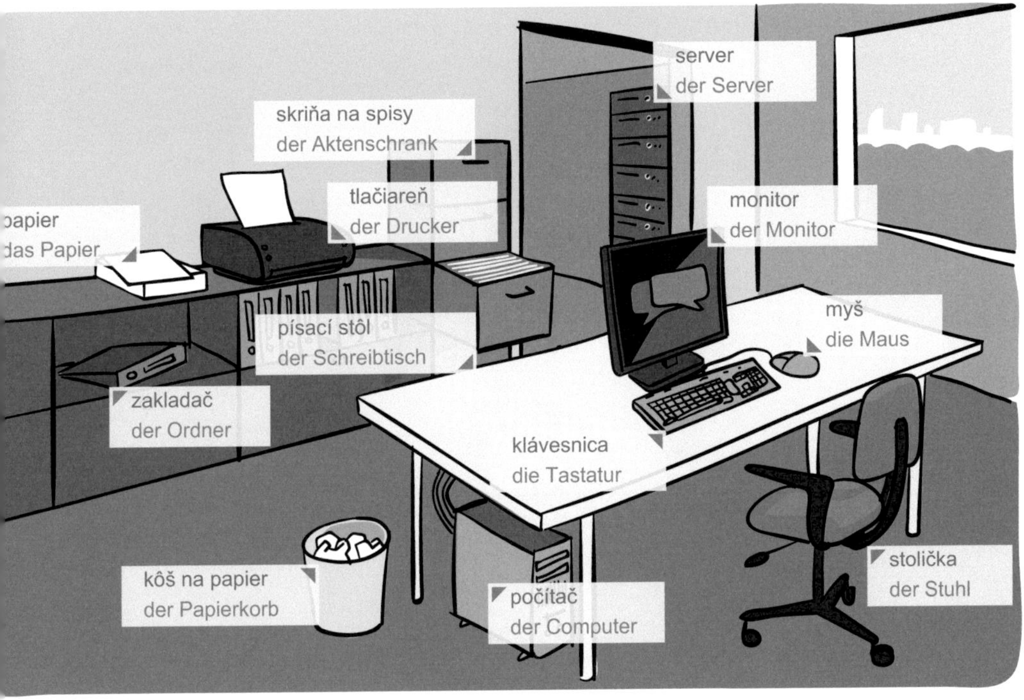

server
der Server

skriňa na spisy
der Aktenschrank

tlačiareň
der Drucker

monitor
der Monitor

papier
das Papier

písací stôl
der Schreibtisch

myš
die Maus

zakladač
der Ordner

klávesnica
die Tastatur

kôš na papier
der Papierkorb

počítač
der Computer

stolička
der Stuhl

hrnček na kávu
....
der Kaffeebecher

kalkulačka
....
der Taschenrechner

internet
....
das Internet

laptop

der Laptop

list

der Brief

správa

die Nachricht

mobil

das Handy

sieť

das Netzwerk

kopírka

der Kopierer

softvér

die Software

telefón

das Telefon

elektrická zásuvka

die Steckdose

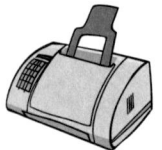

fax

das Fax

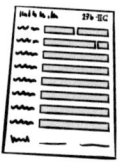

formulár

das Formular

doklad

das Dokument

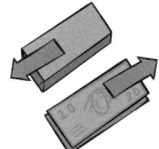

kúpiť

kaufen

platiť

bezahlen

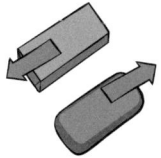

obchodovať

handeln

peniaze

das Geld

dolár

der Dollar

euro

der Euro

jen

der Yen

rubeľ

der Rubel

švajčiarsky frank

der Franken

čínsky jüan

der Renminbi Yuan

rupia

die Rupie

bankomat

der Geldautomat

zmenáreň

die Wechselstube

zlato

das Gold

striebro

das Silber

ropa

das Öl

energia

die Energie

cena

der Preis

zmluva

der Vertrag

daň

die Steuer

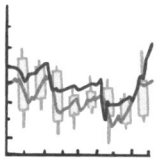

akcia

die Aktie

pracovať

arbeiten

zamestnanec

der Angestellte

zamestnávateľ

der Arbeitgeber

továreň

die Fabrik

obchod

das Geschäft

povolania
die Berufe

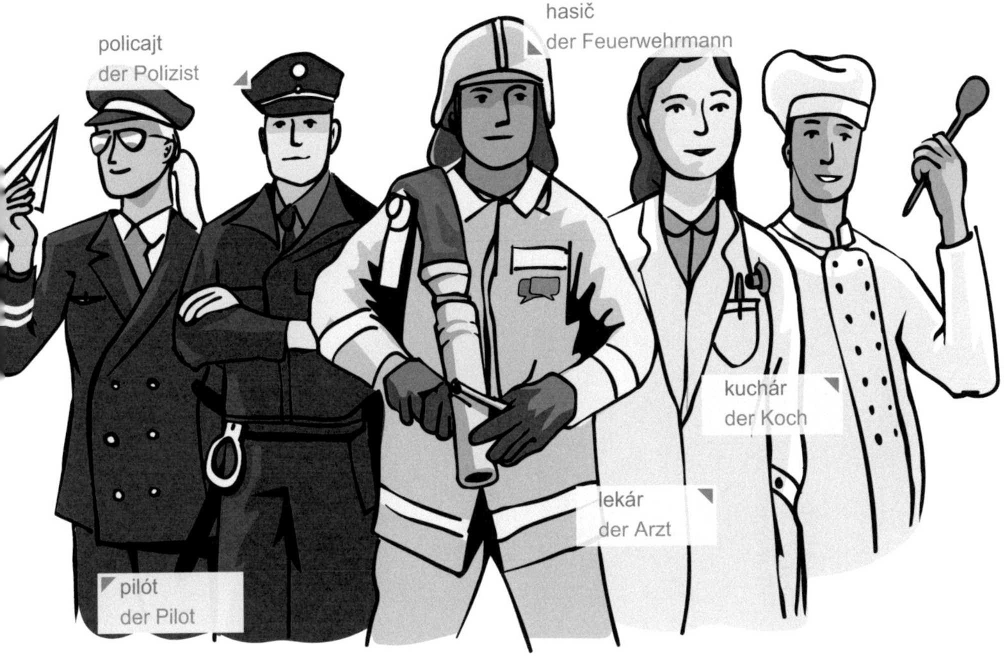
hasič
der Feuerwehrmann
policajt
der Polizist
kuchár
der Koch
lekár
der Arzt
pilót
der Pilot

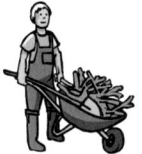

záhradník
der Gärtner

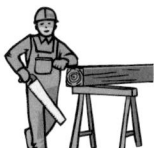

stolár
der Tischler

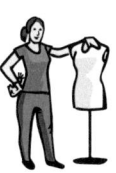

krajčírka
die Näherin

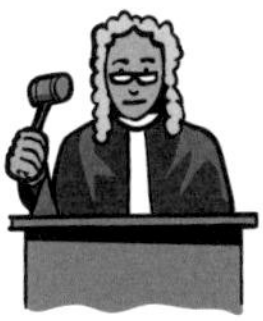

sudca
der Richter

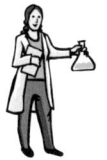

chemik
der Chemiker

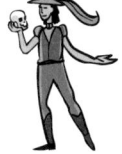

herec
der Schauspieler

vodič autobusu

der Busfahrer

taxikár

der Taxifahrer

rybár

der Fischer

upratovačka

die Putzfrau

pokrývač

der Dachdecker

čašník

der Kellner

poľovník

der Jäger

maliar

der Maler

pekár

der Bäcker

elektrikár

der Elektriker

stavebný robotník

der Bauarbeiter

inžinier

der Ingenieur

mäsiar

der Schlachter

klampiar

der Klempner

poštár

der Postbote

vojak

der Soldat

architekt

der Architekt

pokladník

der Kassierer

kvetinár

der Florist

kaderník

der Friseur

sprievodca

der Schaffner

mechanik

der Mechaniker

kapitán

der Kapitän

zubár

der Zahnarzt

vedec

der Wissenschaftler

rabín

der Rabbi

imám

der Imam

mních

der Mönch

farár

der Geistliche

náradie
die Werkzeuge

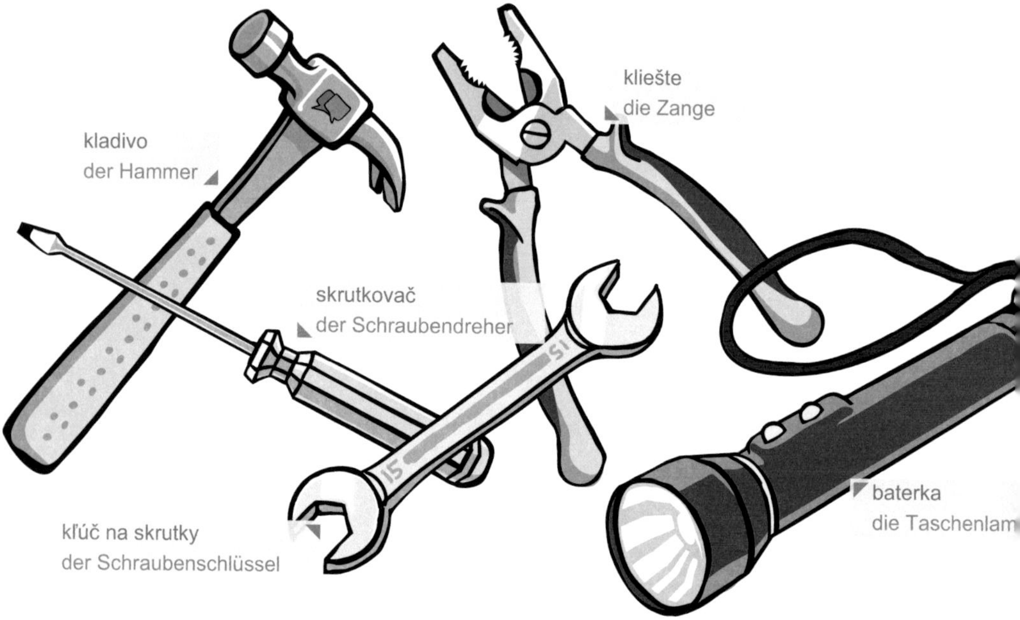

kladivo
der Hammer
kliešte
die Zange
skrutkovač
der Schraubendreher
kľúč na skrutky
der Schraubenschlüssel
baterka
die Taschenlam

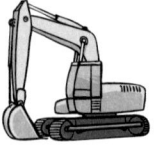

bager

der Bagger

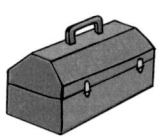

súprava náradia

der Werkzeugkasten

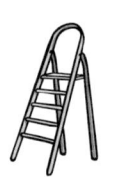

rebrík

die Leiter

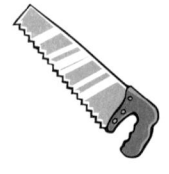

pílka

die Säge

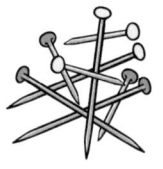

klince

die Nägel

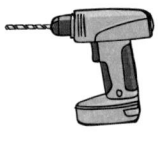

vrták

der Bohrer

opraviť

reparieren

lopata

die Schaufel

Do čerta!

Mist!

lopatka na smeti

das Kehrblech

nádoba s farbou

der Farbtopf

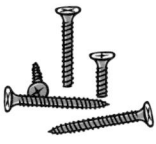

skrutky

die Schrauben

hudobné nástroje
die Musikinstrumente

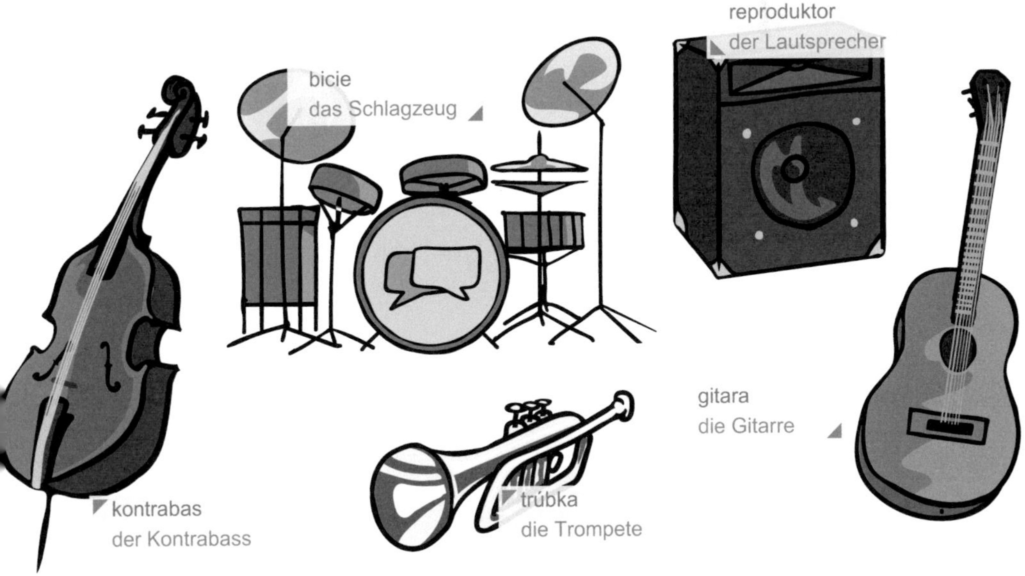

reproduktor
der Lautsprecher

bicie
das Schlagzeug

gitara
die Gitarre

kontrabas
der Kontrabass

trúbka
die Trompete

klavír

das Klavier

husle

die Violine

basa

der Bass

tympany

die Pauke

bubon

die Trommeln

klávesnica

das Keyboard

saxofón

das Saxophon

flauta

die Flöte

mikrofón

das Mikrofon

der Zoo

vstup
der Eingang

tiger
der Tiger

klietka
der Käfig

zebra
das Zebra

krmivo pre zver
das Tierfutter

panda
der Panda

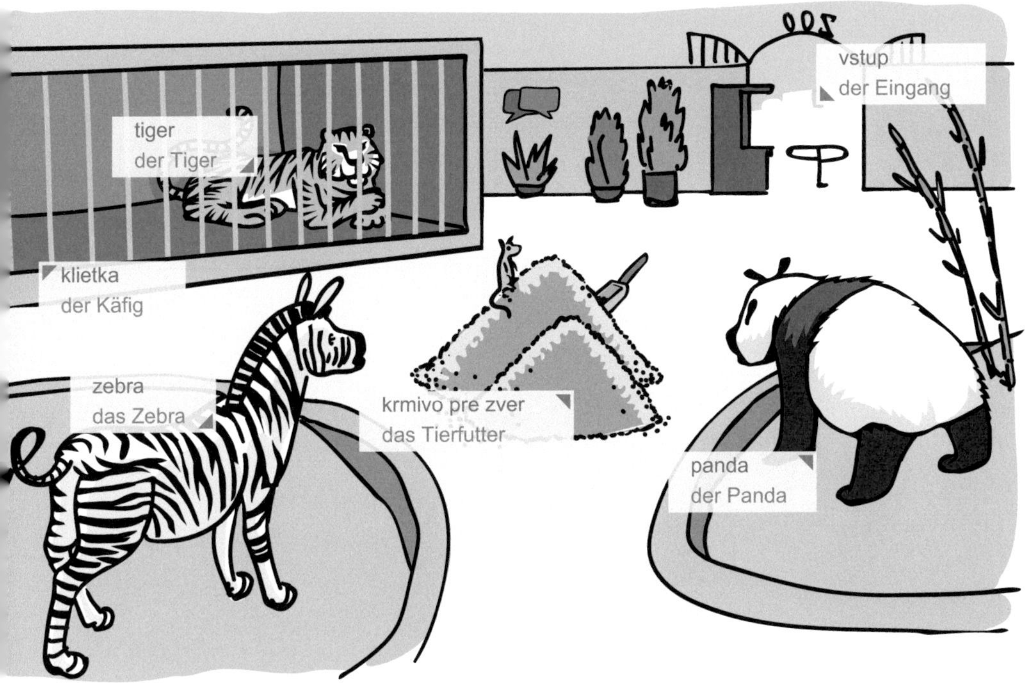

zvieratá

die Tiere

slon

der Elefant

klokan

das Känguruh

nosorožec

das Nashorn

gorila

der Gorilla

medveď

der Bär

ťava

das Kamel

pštros

der Strauß

lev

der Löwe

opica

der Affe

plameniak

der Flamingo

papagáj

der Papagei

ľadový medveď

der Eisbär

tučniak

der Pinguin

žralok

der Hai

páv

der Pfau

had

die Schlange

krokodíl

das Krokodil

ošetrovateľ v ZOO

der Zoowärter

tuleň

die Robbe

jaguár

der Jaguar

ZOO - der Zoo

poník

das Pony

leopard

der Leopard

hroch

das Nilpferd

žirafa

die Giraffe

orol

der Adler

diviak

das Wildschwein

ryba

der Fisch

korytnačka

die Schildkröte

mrož

das Walross

líška

der Fuchs

gazela

die Gazelle

americký futbal
das American Football

cyklistika
das Radfahren

tenis
das Tennis

basketbal
der Basketball

plávanie
das Schwimmen

box
das Boxen

hokej
das Eishockey

futbal
der Fußball

bedminton
das Badminton

ľahká atletika
die Leichtathletik

hádzaná
der Handball

lyžovanie
das Skilaufen

pólo
das Polo

aktivity
die Aktivitäten

smiať sa
lachen
skočiť
springen
objať
umarmen
chodiť
gehen
spievať
singen
snívať
träumen
modliť sa
beten
pobozkať
küssen

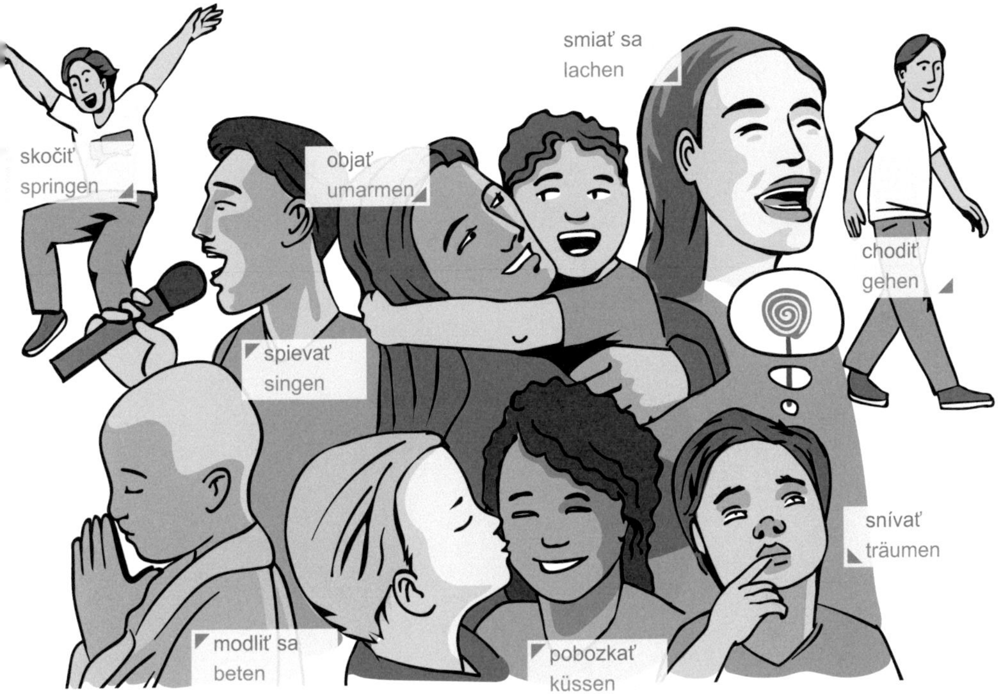

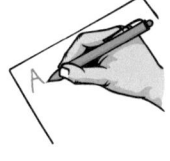

písať
schreiben

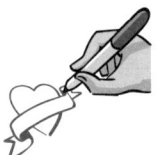

kresliť
zeichnen

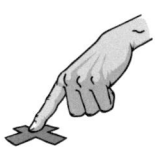

ukázať
zeigen

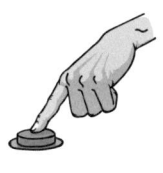

tlačiť
drücken

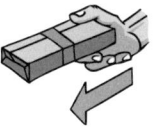

dať
geben

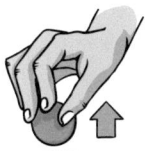

brať
nehmen

mať

haben

robiť

tun

byť

sein

stáť

stehen

bežať

laufen

ťahať

ziehen

hádzať

werfen

padnúť

fallen

ležať

liegen

čakať

warten

nosiť

tragen

sedieť

sitzen

obliecť sa

anziehen

spať

schlafen

zobudiť sa

aufwachen

aktivity - die Aktivitäten

pozerať

ansehen

plakať

weinen

hladkať

streicheln

česať

kämmen

hovoriť

reden

rozumieť

verstehen

pýtať sa

fragen

počuť

hören

piť

trinken

jesť

essen

upratať

aufräumen

milovať

lieben

variť

kochen

jazdiť

fahren

letieť

fliegen

plachtiť

segeln

počítať

rechnen

čítať

lesen

učiť sa

lernen

pracovať

arbeiten

oženiť

heiraten

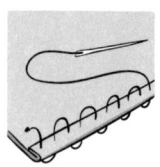

šiť

nähen

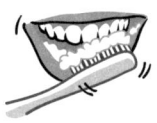

čistiť zuby

Zähne putzen

zabiť

töten

fajčiť

rauchen

poslať

senden

stará mama
die Großmutter

starý otec
der Großvater

otec
der Vater

mama
die Mutter

bábo
das Baby

dcéra
die Tochter

syn
der Sohn

hosť
der Gast

teta
die Tante

strýko
der Onkel

brat
der Bruder

sestra
die Schwester

telo
der Körper

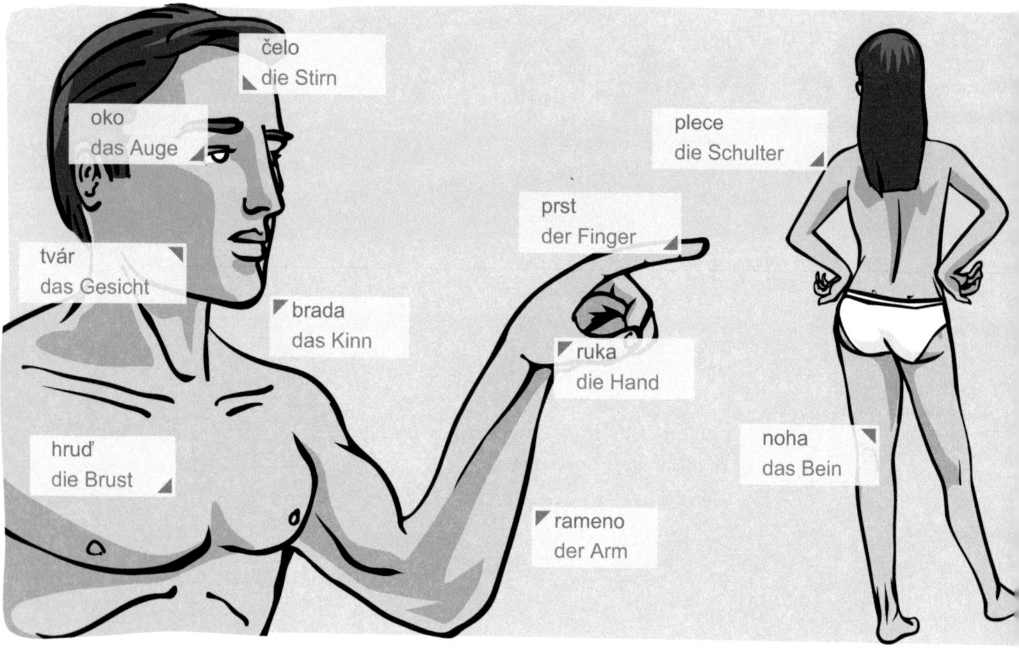

čelo
die Stirn

oko
das Auge

plece
die Schulter

prst
der Finger

tvár
das Gesicht

brada
das Kinn

ruka
die Hand

hruď
die Brust

noha
das Bein

rameno
der Arm

bábo

das Baby

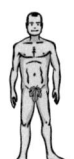

muž

der Mann

žena

die Frau

dievča

das Mädchen

chlapec

der Junge

hlava

der Kopf

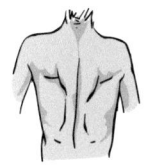

chrbát

der Rücken

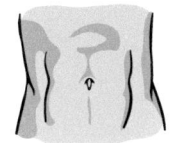

brucho

der Bauch

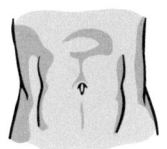

pupok

der Nabel

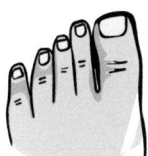

prst na nohe

der Zeh

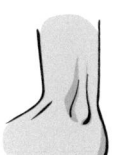

päta

die Ferse

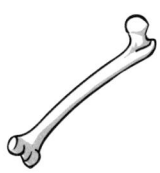

kosť

der Knochen

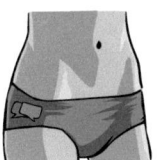

bok

die Hüfte

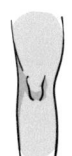

koleno

das Knie

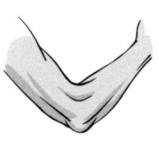

lakeť

der Ellenbogen

nos

die Nase

zadok

das Gesäß

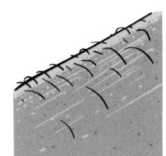

koža

die Haut

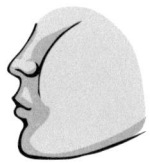

líce

die Wange

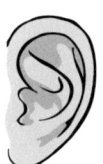

ucho

das Ohr

pery

die Lippe

ústa

der Mund

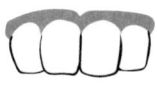

zub

der Zahn

jazyk

die Zunge

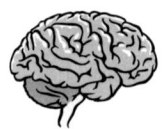

mozog

das Gehirn

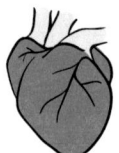

srdce

das Herz

svaly

der Muskel

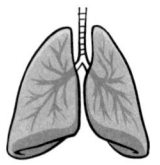

pľúca

die Lunge

pečeň

die Leber

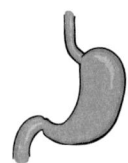

žalúdok

der Magen

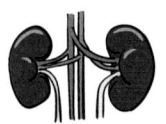

obličky

die Nieren

pohlavný styk

der Geschlechtsverkehr

kondóm

das Kondom

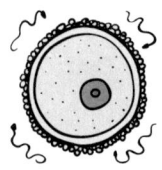

vaječná bunka

die Eizelle

semeno

das Sperma

tehotenstvo

die Schwangerschaft

telo - der Körper

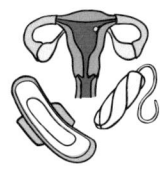

menštruácia

die Menstruation

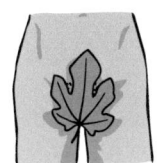

vagína

die Vagina

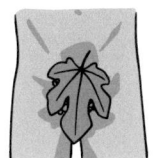

penis

der Penis

obočie

die Augenbraue

vlasy

das Haar

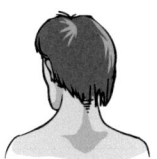

krk

der Hals

nemocnica
das Krankenhaus

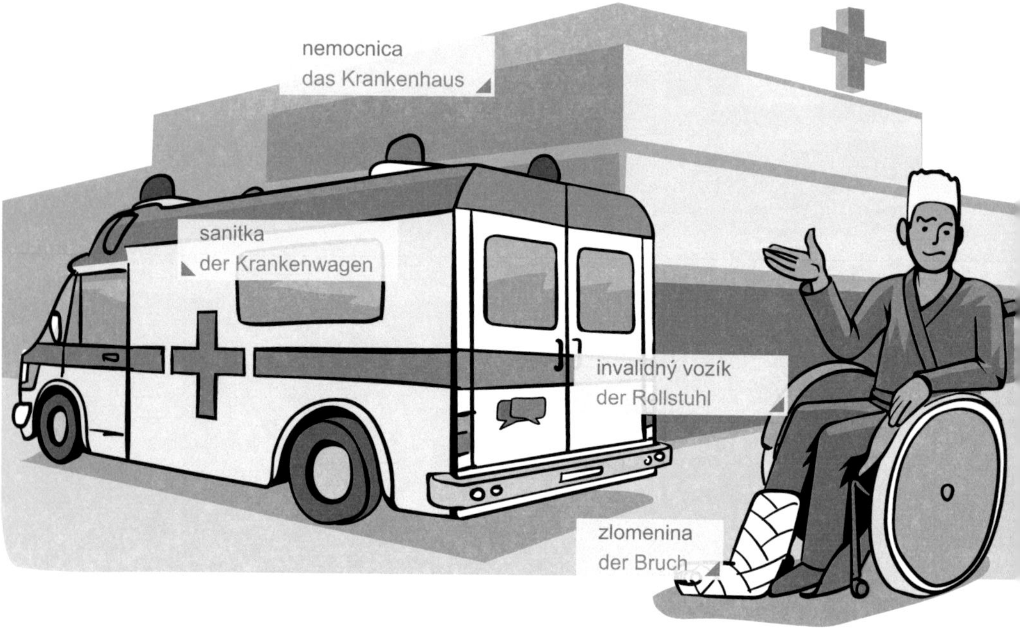

nemocnica
das Krankenhaus
sanitka
der Krankenwagen
invalidný vozík
der Rollstuhl
zlomenina
der Bruch

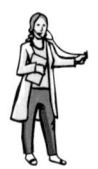

lekár

der Arzt

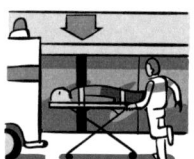

urgentný príjem

die Notaufnahme

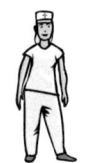

sestrička

die Krankenschwester

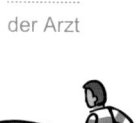

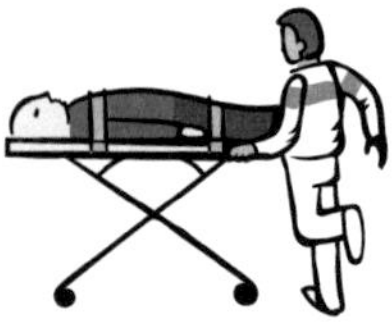

urgentný prípad

der Notfall

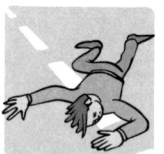

v bezvedomí

ohnmächtig

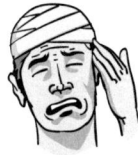

bolesť

der Schmerz

zranenie

die Verletzung

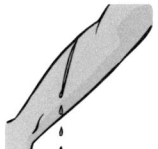

krvácanie

die Blutung

srdcový infarkt

der Herzinfarkt

mozgová porážka

der Schlaganfall

alergia

die Allergie

kašeľ

der Husten

teplota

das Fieber

chrípka

die Grippe

hnačka

der Durchfall

bolesť hlavy

die Kopfschmerzen

rakovina

der Krebs

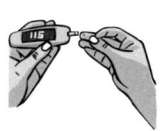

cukrovka

die Diabetis

chirurg

der Chirurg

skalpel

das Skalpell

operácia

die Operation

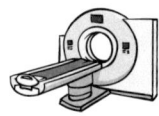

CT
das CT

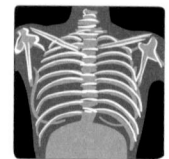

RTG
das Röntgen

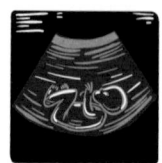

ultrazvuk
das Ultraschall

maska
die Maske

choroba
die Krankheit

čakáreň
das Wartezimmer

barla
die Krücke

náplasť
das Pflaster

obväz
der Verband

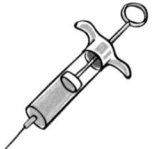

injekcia
die Injektion

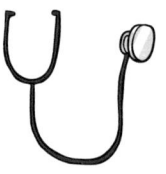

fonendoskop
das Stethoskop

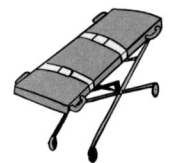

nosidlá
die Trage

teplomer
das Thermometer

pôrod
die Geburt

nadváha
das Übergewicht

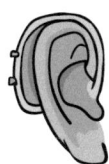

audiofón

das Hörgerät

dezinfekčný prostriedok

das Desinfektionsmittel

infekcia

die Infektion

vírus

das Virus

HIV / AIDS

das HIV / AIDS

medicína

die Medizin

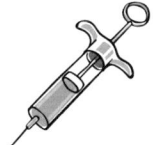

očkovanie

die Impfung

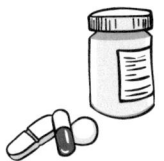

tabletky

die Tabletten

antikoncepčná pilulka

die Pille

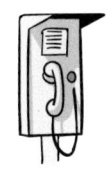

tiesňové volanie

der Notruf

tlakomer

das Blutdruck-Messgerät

chorý / zdravý

krank / gesund

Pomoc!

Hilfe!

alarm

der Alarm

prepad

der Überfall

útok

der Angriff

nebezpečenstvo

die Gefahr

núdzový východ

der Notausgang

Horí!

Feuer!

hasičský prístroj

der Feuerlöscher

nehoda

der Unfall

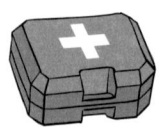

kufrík prvej pomoci

der Erste-Hilfe-Koffer

SOS

SOS

polícia

die Polizei

Európa

das Europa

Severná Amerika

das Nordamerika

Južná Amerika

das Südamerika

Afrika

das Afrika

Ázia

das Asien

Austrália

das Australien

Atlantický oceán

der Atlantik

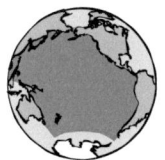

Tichý oceán

der Pazifik

Indický oceán

der Indische Ozean

Južný oceán

der Antarktische Ozean

Severný ľadový oceán

der Arktische Ozean

Severný pól

der Nordpol

Južný pól
....
der Südpol

Antarktída
....
die Antarktis

Zem
....
die Erde

krajina
....
das Land

more
....
das Meer

ostrov
....
die Insel

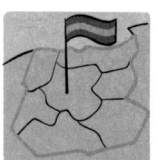

národ
....
die Nation

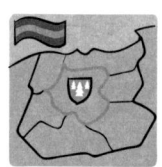

štát
....
der Staat

ciferník

das Zifferblatt

hodinová ručička

der Stundenzeiger

minútová ručička

der Minutenzeiger

sekundová ručička

der Sekundenzeiger

Koľko je hodín?

Wie spät ist es?

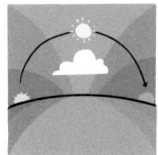

deň

der Tag

čas

die Zeit

teraz

jetzt

digitálne hodiny

die Digitaluhr

minúta

die Minute

hodina

die Stunde

týždeň
die Woche

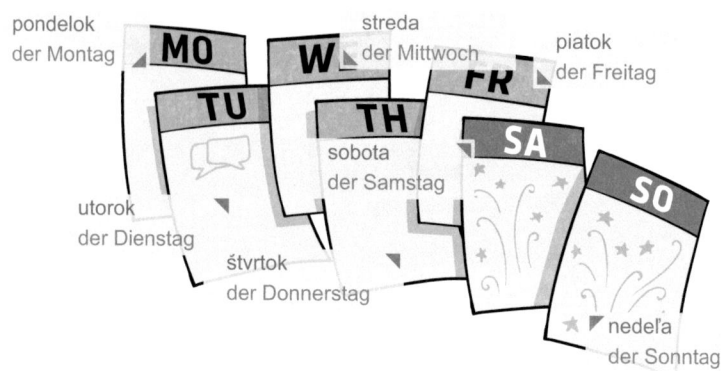

pondelok
der Montag

streda
der Mittwoch

piatok
der Freitag

utorok
der Dienstag

sobota
der Samstag

štvrtok
der Donnerstag

nedeľa
der Sonntag

včera

gestern

dnes

heute

zajtra

morgen

ráno

der Morgen

poludnie

der Mittag

večer

der Abend

pracovné dni

die Arbeitstage

víkend

das Wochenende

dážď
der Regen

dúha
der Regenbogen

sneh
der Schnee

vietor
der Wind

jar
der Frühling

jeseň
der Herbst

leto
der Sommer

zima
der Winter

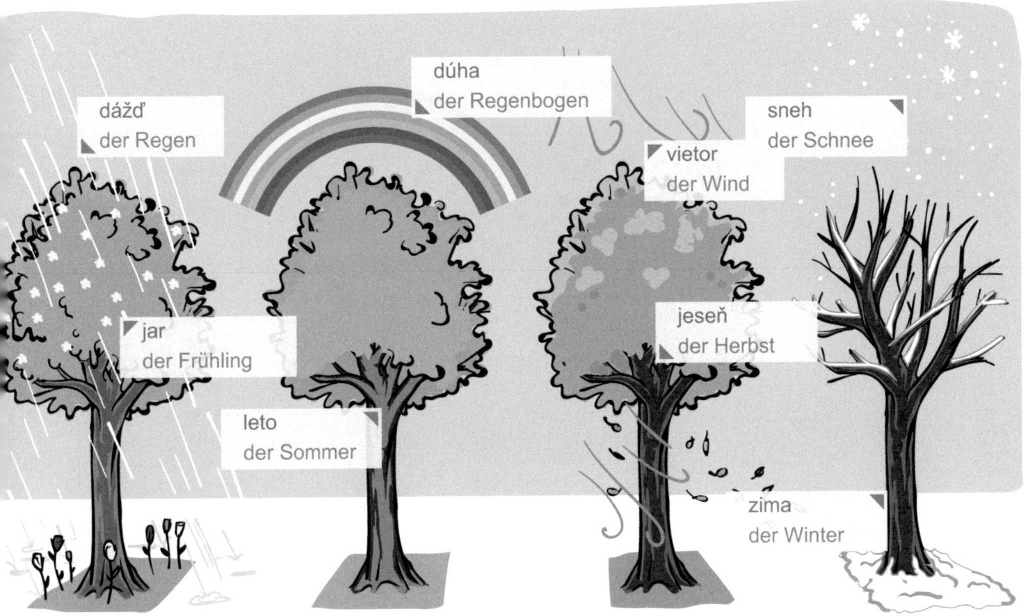

predpoveď počasia

die Wettervorhersage

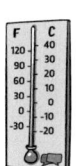

teplomer

das Thermometer

slnečný svit

der Sonnenschein

oblak

die Wolke

hmla

der Nebel

vlhkosť vzduchu

die Luftfeuchtigkeit

blesk

der Blitz

hrom

der Donner

búrka

der Sturm

krúpy

der Hagel

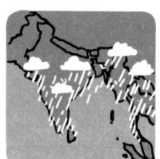

monzún

der Monsun

záplava

die Flut

ľad

das Eis

január

der Januar

február

der Februar

marec

der März

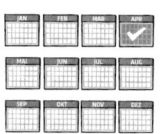

apríl

der April

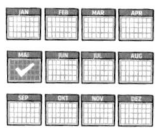

máj

der Mai

jún

der Juni

júl

der Juli

august

der August

rok - das Jahr

september
....
der September

október
....
der Oktober

november
....
der November

december
....
der Dezember

kruh
....
der Kreis

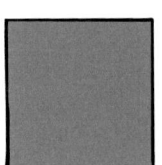

štvorec
....
das Quadrat

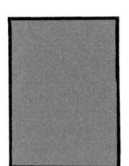

obdĺžnik
....
das Rechteck

trojuholník
....
das Dreieck

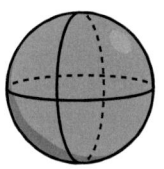

guľa
....
die Kugel

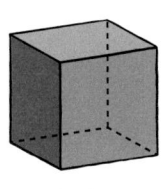

kocka
....
der Würfel

biela

weiß

žltá

gelb

oranžová

orange

ružová

pink

červená

rot

fialová

lila

modrá

blau

zelená

grün

hnedá

braun

šedá

grau

čierna

schwarz

veľa / málo

viel / wenig

zúrivý / pokojný

wütend / friedlich

pekný / škaredý

hübsch / hässlich

začiatok / koniec

der Anfang / das Ende

veľký / malý

groß / klein

svetlý / tmavý

hell / dunkel

brat / sestra

der Bruder / die Schwester

čistý / špinavý

sauber / schmutzig

úplný / neúplný

vollständig / unvollständig

deň / noc

der Tag / die Nacht

mŕtvy / živý

tot / lebendig

široký / úzky

breit / schmal

chutný / nechutný

genießbar / ungenießbar

zlostný / láskavý

böse / freundlich

vzrušený / unudený

aufgeregt / gelangweilt

tlstý / chudý

dick / dünn

prvý / posledný

zuerst / zuletzt

priateľ / nepriateľ

der Freund / der Feind

plný / prázdny

voll / leer

tvrdý / mäkký

hart / weich

ťažký / ľahký

schwer / leicht

hlad / smäd

der Hunger / der Durst

chorý / zdravý

krank / gesund

nelegálny / legálny

illegal / legal

inteligentný / hlúpy

intelligent / dumm

vľavo / vpravo

links / rechts

blízko / ďaleko

nah / fern

nový / použitý

neu / gebraucht

nič / niečo

nichts / etwas

starý / mladý

alt / jung

zapnuté / vypnuté

an / aus

otvorené / zatvorené

offen / geschlossen

tichý / hlasný

leise / laut

bohatý / chudobný

reich / arm

správne / nesprávne

richtig / falsch

drsný / hladký

rau / glatt

smutný / šťastný

traurig / glücklich

krátky / dlhý

kurz / lang

pomaly / rýchlo

langsam / schnell

mokrý / suchý

nass / trocken

teplý / studený

warm / kühl

vojna / mier

der Krieg / der Frieden

0

nula

null

1

jeden

eins

2

dva

zwei

3

tri

drei

4

štyri

vier

5

päť

fünf

6

šesť

sechs

7

sedem

sieben

8

osem

acht

9

deväť

neun

10

desať

zehn

11

jedenásť

elf

12

dvanásť
zwölf

13

trinásť
dreizehn

14

štrnásť
vierzehn

15

pätnásť
fünfzehn

16

šestnásť
sechzehn

17

sedemnásť
siebzehn

18

osemnásť
achtzehn

19

devätnásť
neunzehn

20

dvadsať
zwanzig

100

sto
hundert

1.000

tisíc
tausend

1.000.000

milión
million

angličtina

Englisch

americká angličtina

Amerikanisches Englisch

mandarínska čínština

Chinesisch Mandarin

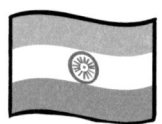

hindčina

Hindi

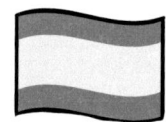

španielčina

Spanisch

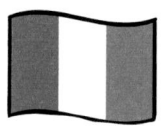

francúzština

Französisch

arabčina

Arabisch

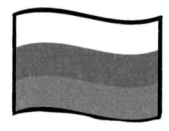

ruština

Russisch

portugalčina

Portugiesisch

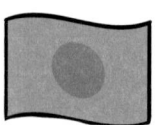

bengálčina

Bengalisch

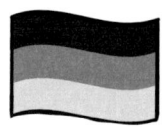

nemčina

Deutsch

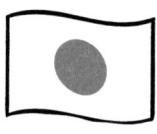

japončina

Japanisch

ja

ich

ty

du

on/ona/ono

er / sie / es

my

wir

vy

ihr

oni

sie

kto?

wer?

čo?

was?

ako?

wie?

kde?

wo?

kedy?

wann?

meno

Name

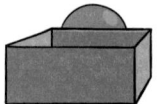

za

hinter

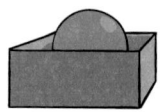

v

in

pred

vor

nad

über

na

auf

pod

unter

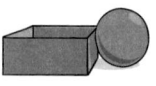

vedľa

neben

medzi

zwischen

miesto

der Ort